U0078585

段張取藝工作室　著／繪

三民書局

國家圖書館出版品預行編目資料

皇帝的一天／段張取藝工作室 著/繪. ——初版三刷.
——臺北市：三民，2024
面； 公分.——（古代人的一天）

ISBN 978-957-14-7031-3（平裝）
1. 中國史 2. 帝王 3. 通俗史話

610.9 109018386

古代人的一天

皇帝的一天

作　者｜段張取藝工作室
繪　者｜段張取藝工作室

創 辦 人｜劉振強
發 行 人｜劉仲傑
出 版 者｜三民書局股份有限公司(成立於1953年)

三民網路書店
https://www.sanmin.com.tw

地　址｜臺北市復興北路386號 (復北門市) (02)2500-6600
臺北市重慶南路一段61號(重南門市) (02)2361-7511

出版日期｜初版一刷 2021年1月
初版三刷 2024年8月
書籍編號｜S630580
ISBN｜978-957-14-7031-3

圖書許可發行核准字號：文化部部版臺陸字第109029號

法律顧問　北辰著作權事務所　蕭雄淋律師

三民書局

前言

一天，對於今天的我們，可以足不出戶，也可以遠行萬里；可以柴米油鹽，也可以通過網路了解全世界。那麼，一個有趣的想法冒了出來：古代人的每一天會怎麼過？我們對古代人的了解都是透過史書上的一段段文字和故事，從沒有想到他們的一天會是什麼樣子。他們是不是也和我們一樣，早上起來洗臉刷牙，一日吃三餐；晚上，他們會有什麼娛樂活動呢？基於這樣的好奇心驅使，我們開始進行創作，想把古代人一天的生活場景展現在讀者面前。

我們進行「古代人的一天」系列書的創作時，以古代人的身分（或職業）來進行分類，有皇帝、公主、文臣、武將、俠客、畫家、醫生、詩人等等。每種身分（或職業）有著不一樣的生活、工作。比如，皇帝早上究竟幾點鐘起床？起床後他會先工作還是先吃飯？他一天要做哪些工作？他的娛樂生活是什麼？公主的早上需要花多長時間梳妝打扮，她一天的生活與現代女性的有什麼不同？她會花時間讀書寫字嗎？她是練習琴棋書畫，還是忙著參與朝政？俠客為什麼要行刺？行刺前會制訂計劃嗎？如何選擇行刺時機和地點？他的一天究竟是怎樣度過的？

然而，古代人的一天是無法回溯的，古人對時間的感受也和我們不一樣，為了幫助讀者更容易理解古代人的一天是如何度過的，我們在豐富的歷史資料的基礎之上，架構了古代人的一天。

我們在創作中精細地設計了時間線。書中的「一天」是故事從開始到結束整個過程的所有時間，不是嚴格的從 0 點至 24 點完整的 24 小時的自然時間，書中貫穿每個人物一天生活和工作的時間線，也不是按照等分來規定每個小時的長度，時間線的創意設計是為了幫助讀者更容易了解故事發展脈絡。

在《皇帝的一天》當中，我們根據七位不同朝代的皇帝設計了出巡、封禪、遊獵、逃難、戰爭、修道、上朝幾種情境，根據各種考證資料復原出皇帝一天的整個過程，讓讀者們看到一個更為具象、「活生生」的皇帝，了解皇帝工作、生活不一樣的一面，體會到更為有趣、豐富的古代人一天的生活。

在創作《皇帝的一天》的具體內容時，需要對一些歷史事件進行濃縮，使一天的內容更為緊湊、豐富，我們借鑑了郭沫若先生在創作《屈原》以及《蔡文姬》的故事時所採用的手法，把精彩的故事濃縮在一天來呈現，這也是為了讓讀者更深入地理解歷史。

希望我們的努力能讓「古代人的一天」成為讀者喜歡的書，能夠讓讀者從一個新的視角去看待中國歷史，從而喜歡上中國歷史故事。

張卓明

2019 年 8 月

目錄

中國歷史上的皇帝有很多很多，我們對皇帝的工作、生活的印象無非是他們在皇宮裡指指點點，看看大臣們的奏摺，聽聽妃子們的奉承話。事實真是如此嗎？我們這裡請出七位不同時期的皇帝，讓我們去看看不一樣的皇帝的一天吧！

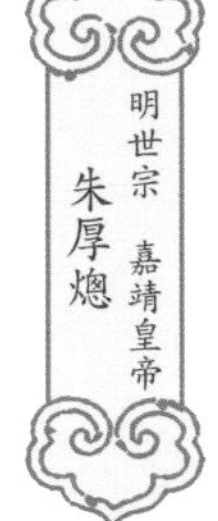

清世宗 雍正皇帝
愛新覺羅・胤禛

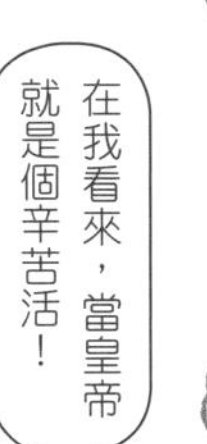

出巡的一天

皇帝出巡是指皇帝離開京城，巡視地方與邊疆的活動。皇帝出巡主要目的有考察地方官，解決地方棘手問題，體察民間疾苦，展顯天子威儀等。秦始皇嬴政在位期間，曾先後五次出巡，他最後死在第五次出巡的途中。西元前 218 年，秦始皇第三次出巡。這一天，皇家車隊來到了博浪沙（相傳在今河南省境內）。

皇帝會乘坐哪輛車呢？
我猜是後面這一輛！

巳初 (9:00)
出發

中車府令趙高備好了車輛。

就算出巡，也是日理萬機

巡途中，丞相李斯向秦始皇呈上今天的奏章。《史記》記載，秦始皇每天要批閱的奏章量以「石」來計算（一石奏章大約是十萬字）。秦代一石約合現在三十公斤。

累了，來下盤棋吧

出巡路途遙遠，玩玩遊戲打發時間。秦始皇叫丞相李斯陪他下棋。

中車府令

秦代管理皇帝出行車輛的官。官位不算很高，但是職位至關重要，因為中車府令直接服務於皇帝。

憑　几

秦代還沒有椅子，人們都是挺直腰席地而坐，這樣容易累。而憑几就是人們用來靠著，以便坐得輕鬆的傢俱。

竹簡與絲帛

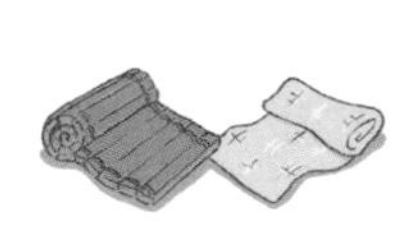

秦代還沒有發明紙，字大都寫在竹片上，這種竹片就叫竹簡，許多竹簡用繩子串起來捲成一捆就是一卷文書。一片竹簡上能寫的字很少，所以秦始皇看完一整篇奏章至少得拿二到三公斤重的竹簡。雖然輕薄的絲帛（一種絲織物）也能用來寫字，但和竹簡比起來它的造價就太高了。

六博棋

當時十分流行的棋類遊戲，玩法也複雜多樣，棋子多由象牙、動物骨頭、玉石、銅、水晶、木頭等材料製成。

巳正二刻 (10:30)
有刺客！

突然一聲巨響，車隊中的一輛馬車被砸得粉碎，裡面的人也受傷了。幸好秦始皇沒在那輛車中，躲過一劫。

張良刺秦

張良，戰國時期韓國名臣的後代。秦始皇滅六國統一天下後，張良便花重金請來一位能扔一百二十斤（約合現在三十公斤）鐵錘的大力士來刺殺秦始皇，以報韓國被滅之仇。可惜大力士砸錯了車。史料中共詳細記載了秦始皇四次遇刺，這是秦始皇第三次被刺殺。

荊軻刺秦

這是秦始皇第一次被刺殺。藉獻上地圖的機會，荊軻拿出匕首，拽住秦始皇的衣袖刺殺他。秦始皇衣袖被扯破，劍又太長拔不出來，只能被追得繞柱子跑。這也是「圖窮匕見」的兩位主人公。詳見《俠客的一天》中「荊軻的一天」篇。

高漸離刺秦

這是秦始皇第二次被刺殺。秦始皇明知高漸離是荊軻好友，可能會來報仇，還是因為想聽他演奏而將人留在身邊。儘管秦始皇事先有所防備，燻瞎了高漸離雙眼，但高漸離能夠聽聲辨位，秦始皇還是差點被對方用筑砸中腦袋。

申正二刻 (16:30)
抵達目的地

秦始皇很生氣，怒斥接駕的大臣。

酉初 (17:00)
下達通緝令

秦始皇下達的命令，又稱敕令，書寫在絲帛上，用傳國玉璽蓋章後生效。

傳國玉璽

相傳為秦始皇令丞相李斯用和氏璧製成的印璽。方圓四寸（秦代方圓指的是直徑，而且是方形的東西），換算今天的刻度長寬約是 11.2 公分，上面雕有五條龍，刻有「受命於天既壽永昌」，是秦代後歷代皇帝證明自己正統地位的憑證。歷經戰火輾轉千年，最終於五代後唐末帝自焚後失傳。

酉初二刻 (17:30)
聽音樂都靜不下心

秦始皇想聽首曲子平復心情，但幾曲過後，他還是心神不寧。

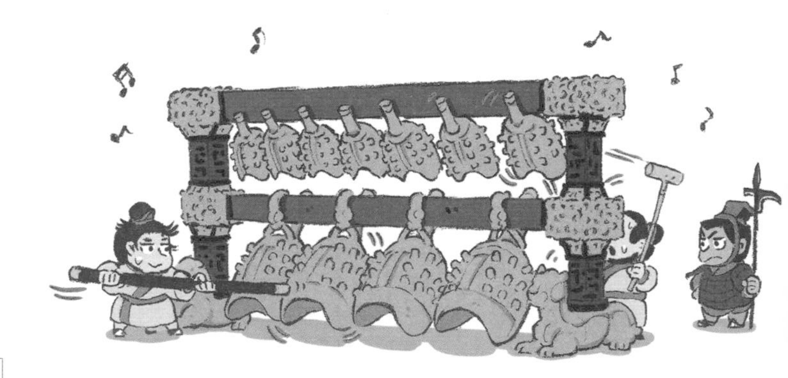

編　鐘

中國古代大型打擊樂器，用青銅鑄成，按音調高低次序排列起來，懸掛在巨大的鐘架上，以丁字形木槌和長棒敲打。通常需要多人同時演奏。

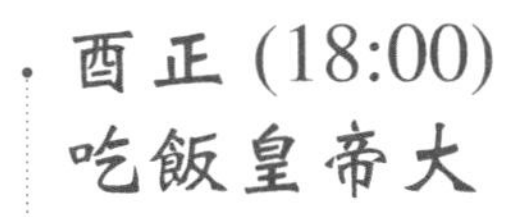

酉正 (18:00)
吃飯皇帝大

吃飽了才有力氣思考問題。

食　器

鼎，古代炊器。多用青銅製成。圓形，三足兩耳；也有長方形四足的。可用來煮肉熬湯。

豆，古代食器。形似高足盤，或有蓋，用來盛放食物。出現於新石器時代晚期，盛行於商周。多為陶質，商周時期也有木質塗漆豆和青銅豆。

簋，古代食器。侈口，圈足，方座，有的簋有蓋子。有無耳、兩耳、四耳之分。青銅或陶製。用來盛放食物，盛行於商周時期。

爵，酒器。青銅製，用於溫酒和盛酒，盛行於商及西周初年。

戌正 (20:00)
誰都別找朕

秦始皇拒絕了其他方士的求見，一是沒心情見，二是想等徐福求得長生不死藥回來。

徐福東渡

西元前 219 年，徐福第一次東渡，他受命出海尋仙山，求長生不死藥，未果。西元前 210 年，徐福第二次東渡，帶著大量的錢財、貨物與數千名童男童女，以及大批工匠，至今沒有歸來的消息。

亥初 (21:00)
上床睡覺

今天在路上受了驚嚇，秦始皇早早躺下休息，可是偏偏又做起噩夢，夢裡也不得安寧。

封禪的一天

封禪儀式分為祭天的封禮和祭地的禪禮。西元前 110 年，漢武帝第一次在泰山封禪。不是所有皇帝都能進行封禪，只有易代之際功績極高、眾人信服的皇帝，或創建太平盛世的皇帝才能進行封禪。歷史上在泰山完成封禪的皇帝只有六位，即秦始皇、漢武帝、漢光武帝、唐高宗、唐玄宗和宋真宗。不過後世認為宋真宗並不夠格。宋真宗以後的皇帝登臨泰山只祭祀不封禪。

儀仗護衛浩浩蕩蕩。

充當祭品的動物有牛、羊、豬等。

隨行大臣個個欣喜異常，能跟皇帝一起來封禪，是一件無比榮耀的事情。

祭祀前需要齋戒沐浴

齋戒沐浴是皇帝封禪前需要做的事情。古人在進行重大的事情之前，都要沐浴，用來表達恭敬、虔誠之心。漢武帝站在沐盆裡，侍從用勺舀水，為他洗澡。在古代，「沐浴」中的「沐」指洗頭，「浴」指洗身體。

沒有沐浴乳，怎麼洗澡

古代人用植物燃燒後留下的灰燼和皂莢洗澡，清潔皮膚的效果不比現在的沐浴乳差。而且灰燼和皂莢都是純天然的，就是製作起來比較麻煩。

用塊石頭搓搓澡

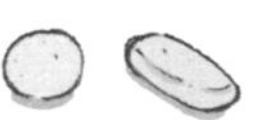

搓澡石是古代人用來搓澡的石頭，多以火山石製成。

博山爐

焚香的器具。上面的蓋子形狀是一座山，象徵傳說中的海上仙山——博山。因此，大家都叫它博山爐。

香

有香味的原料或製成品。如麝香、檀香、龍涎香、線香等。除了用來燻身體，還用來為衣服、被子驅蟲。

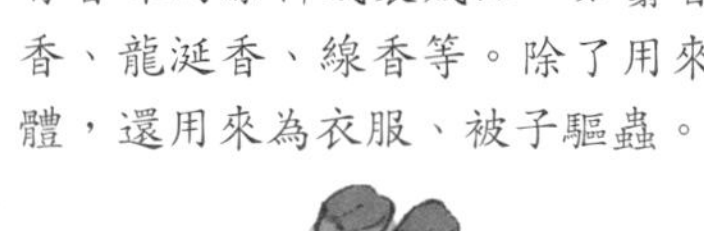

卯正 (6:00)
神仙喜歡香噴噴

早上，漢武帝只吃少量的素食，然後點香平復情緒以示虔誠。

辰初 (7:00)
在泰山下面祭天

漢武帝命令擔任侍中的大臣身穿禮服，參加射牛儀式。在泰山東面的山腳下，漢武帝親自參加祭天儀式。

封　禪

戰國時，齊魯兩地的儒士認為在五嶽中泰山最高，帝王應該到泰山來祭祀。登泰山築壇稱為「封」，在泰山以南的梁父山祭地，稱為「禪」。司馬遷在《史記》中寫有《封禪書》。

犧　牲

古代用於祭祀所宰殺的牲畜或家禽。後來代稱所有為崇高目標或信仰而死的行為。

巳初 (9:00)
開始登山

祭天儀式結束後，漢武帝拒絕了隨行大臣的陪同，只帶著霍子侯一起去登泰山。

修　路

去泰山封禪要修好路。古代遠遠不如現在交通方便，漢武帝去一趟泰山，要提前修路。修路時先用石板鋪底，再均勻撒一層碎石，最後鋪上細土，用木槌敲打壓實（又稱夯土）。

午初 (11:00)
登頂

漢武帝和霍子侯二人不畏艱險，費了九牛二虎之力，終於登上了泰山之頂。雖然辛苦，但俯瞰群山，壯麗的山河躍然眼前。漢武帝覺得不虛此行，他在山上也舉行了祭天典禮。

五色土

代表東、西、南、北、中五個方位的土壤，象徵天下。分別是象徵東方的青土、西方的白土、南方的紅土、北方的黑土，以及中央的黃土。

次日｜午初二刻 (11:30)
向老天爺匯報一下工作

漢武帝從泰山下來，在山腳下的肅然山舉行祭奠儀式。士兵們用土堆成三層封壇，同時於封壇周圍按方位埋下代表天下的五色土。漢武帝登上封壇大聲向后土匯報自己的功績，同時祈求風調雨順、神明保佑。

午正二刻 (12:30)
埋玉牒

祭祀結束後，將刻有祈禱文字的玉牒用三脊茅包裹好，埋在祭壇下。

三脊茅

一種茅草，葉面有三條脊線，產自江淮。古代人認為其寓意吉祥，多用作祭祀時擺設供品的墊物。

未初 (13:00)
放生與獻祭

漢武帝帶來的動物一部分用作犧牲祭天，作為感謝上天的禮物；一部分放歸自然，顯示皇帝的好生之德。

漆食器

用漆塗在食器表面製成的餐具。漆取自漆樹的汁液，經過塗漆處理的食器更耐潮、耐高溫、耐腐蝕。黑底紅紋飾是漢代漆器的典型特徵。

申初 (15:00) 展開想像力

白天，祭地的封壇上出現雲氣。古人的想像力十分豐富，看到形狀特別的雲，就會忍不住聯想，認為這是祥瑞，是上天的某種暗示。因為非常在意上天給出的暗示，所以古代專門有觀察雲氣等天象的官員。

戌正 (20:00) 大家辛苦啦

封禪典禮完畢後，漢武帝在明堂設宴，接受群臣朝賀，他發表講話，感謝隨行大臣。

兩封兩禪

漢武帝先到梁父山祭地行禪禮，再到泰山下設壇祭天行封禮，接著登泰山頂再一次祭天行封禮。第二天，漢武帝在泰山下的肅然山再行禪禮，完成了整個封禪儀式。

亥初 (21:00) 好好睡一覺

在完成封禪的典禮後，漢武帝懷著盛世天下的理想幸福地入眠。

遊獵的一天

遊獵是古代皇帝非常熱衷的一種大型活動，有很強的娛樂性，同時也有非常重要的軍事功能，皇帝和大臣透過這種形式來演練行軍布陣的方法，提高軍隊的戰鬥力。唐代王公貴胄大都崇武，遊獵之風較為盛行。大隊人馬出城去遊玩打獵，是長期待在皇宮裡的皇帝、皇子以及皇后嬪妃非常嚮往的事情。唐太宗出行遊獵，隨行的北衙禁軍多達數萬人，而隨行人員的輜重補給需要動用大批府兵。

胡人獵師負責訓練和指揮獵犬配合狩獵的進行。

這次遊獵，恪皇子應該會獨占鰲頭。

我覺得泰皇子、治皇子也很優秀呀。

陛下，出了這片森林就到營地了。

胡餅

又稱饢。打獵時的早飯，攜帶十分方便。據說，當年玄奘西行取經的路上，主要吃的乾糧就是胡餅。

快樂的打獵開始啦！

辰正二刻 (8:30) 找到幾坨屎

唐太宗帶著尉遲敬德等人出發去打獵，隨行人員裡有經驗豐富的胡人獵師，他們帶著獵狗負責追蹤獵物。獵狗突然停在草地上不走了，胡人獵師下馬仔細觀察，原來是獵狗嗅到了動物留下的糞便。

巳正 (10:00) 原來是頭豬

獵物找到了，是一頭野豬！大家屏住呼吸，等唐太宗射出第一箭。

巳正一刻 (10:15) 我射！我射！

唐太宗一箭正中野豬腦門，獵狗們迅速撲上去撕咬，侍衛們則守衛在皇帝前面。

胡人獵師

中國古代把北方和西方的各族人稱為胡人。一些會訓練猛禽、野獸的胡人成為唐代貴族的打獵隨從，即獵師，主要負責追蹤獵物。

橫　刀

唐代軍隊的標配戰刀。刀身狹直，小護手，以熟鐵夾百煉鋼煉製，堅固耐用。

午初 (11:00)
累了就要填肚子

肉最美味的吃法之一就是烤著吃。打獵累了，大家席地而坐，吃著烤野豬肉，喝著帶來的美酒，聊著當年征戰的故事。

火鐮

由火石、火絨和鐮刀形狀的鐮組成，火石和鐮碰撞出的火星引燃火絨，即可得到火種。

調味料

烤肉需好的調味品。唐代的調味料除了油鹽醬醋，還有花椒、胡椒、茱萸等。其中很多種調味料是通過和胡人的通商貿易引進的，如胡椒。

未初 (13:00)
吃得太飽，食物會顛出來

酒足飯飽，大家繼續打獵。唐太宗興致大發，與大家賽馬。可是，有的人吃得太飽了，在馬背上會被顛得受不了。

西域水果

甜瓜、葡萄和石榴等水果都是唐代或唐代以前從西域引進的。這些水果大大豐富了漢族人的生活。

申正 (16:00)
來點水果爽爽口

唐太宗回到大營，等待其他人回來。大家先來點水果，清清腸胃。

酉初 (17:00)
兒子們表現得很好

皇子們紛紛回營，大家都收穫滿滿，唐太宗看到兒子們的好成績後心情十分愉快。

我找到一隻小白兔！

好可愛！

這……

找到一隻小白兔

皇子李泰聰敏絕倫，是唐太宗最寵愛的兒子。唐太宗對他幾乎是有求必應，差點破壞禮制連皇位都傳給他。

戌初 (19:00)
皇帝也愛跳舞

晚宴時，樂隊奏《秦王破陣樂》，唐太宗親自下場舞劍。這首樂曲起初是軍歌，後由唐太宗親自參與改編為樂舞，融入了西域龜茲等地的胡樂，氣勢雄渾。舞蹈近似閱兵，基本由軍士持盾、槍完成，模仿打仗的動作。《秦王破陣樂》在當時名氣很大，遠傳印度、日本等地。

亥正 (22:00)
真是美好的一天

狂歡過後唐太宗上床休息。這真是快樂美好的一天呀！

逃難的一天

755年，唐天寶十四載十一月，平盧、范陽、河東三鎮節度使安祿山以誅殺楊國忠為名，在范陽（今北京市）起兵叛亂，擊敗唐軍，在靈昌（今河南省滑縣西南）渡黃河，攻下洛陽。次年六月，叛軍破潼關，進入都城長安（今陝西省西安市）。唐玄宗逃往蜀中。

宰相楊國忠與吐蕃使者在講話。

唐玄宗和楊貴妃相伴而行。
北衙禁軍將領陳玄禮守在驛站門口安撫守衛。
又餓又累的士兵憤怒地聚在一起發牢騷。

楊國忠

楊貴妃的族兄，因楊貴妃得寵而官至宰相。在任期間把朝政弄得烏煙瘴氣，可以說是禍國殃民。「討伐楊國忠」正是安祿山和史思明發動叛亂的藉口。

午初 (11:00) 走不動了

大家都沒吃早飯，繼續趕路，逃往四川。唐玄宗詢問楊國忠離驛站還有多遠。

午初二刻 (11:30) 肚子餓

唐玄宗安撫餓著肚子的楊貴妃。聽聞皇帝從長安出逃，長安周圍的地方官也紛紛逃走，一路走來基本上沒有官員接待皇帝一行人。

叛軍緊追不捨

未初二刻 (13:30) 要吃飯

停車後，唐玄宗派人找附近的百姓借糧。不論粗糧、細糧，能吃就行。

未正 (14:00)
百姓接濟天子

百姓聽聞皇帝落難，都很同情。唐玄宗曾創立開元盛世，雖然現在生活困苦，但多數人依舊記得他之前治世的好，願意獻出自己的糧食。

未正二刻 (14:30)
追憶荔枝

來，愛妃，先吃點東西墊肚子。吃了半張胡餅、一碗稀粥之後，楊貴妃想吃荔枝。

貴妃與荔枝

楊貴妃愛吃新鮮荔枝，唐玄宗曾專門命人快馬加鞭，千里迢迢從嶺南送過來給她吃。唐代詩人杜牧的詩句「一騎紅塵妃子笑，無人知是荔枝來」，講的就是楊貴妃愛吃荔枝的故事。

疲憊不堪的禁軍士兵

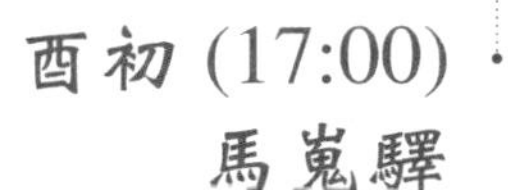

酉初 (17:00)
馬嵬驛

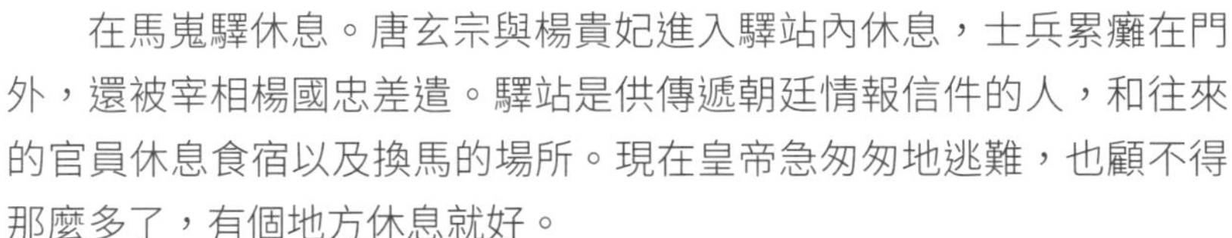

在馬嵬驛休息。唐玄宗與楊貴妃進入驛站內休息，士兵累癱在門外，還被宰相楊國忠差遣。驛站是供傳遞朝廷情報信件的人，和往來的官員休息食宿以及換馬的場所。現在皇帝急匆匆地逃難，也顧不得那麼多了，有個地方休息就好。

酉正 (18:00)
好好休息吧

唐玄宗差遣太監高力士收拾好一間空屋子安頓楊貴妃。

戌初 (19:00)
士兵們怨氣沖天

禁軍將領、大將軍陳玄禮早就不滿楊國忠禍國殃民，又一直沒機會除掉這個奸相。國難當頭，又值士兵怨氣高漲，他便藉此機會上奏皇帝，請求將楊國忠繩之以法。

戌正二刻 (20:30)
打死他！

士兵們對宰相楊國忠專權誤國早有不滿，一路饑餓、疲憊更使他們的憤怒值達到頂峰。正巧看見吐蕃使者與楊國忠交頭接耳，便大呼「宰相與吐蕃人謀反」，隨即一擁而上將他打死。

亥初 (21:00)
兵變啦！

楊國忠死了，但士兵們並未罷休，認為禍亂的根源在於唐玄宗過於寵愛楊貴妃，集體要求唐玄宗賜死楊貴妃。

亥初一刻 (21:15) 沒辦法啦

唐玄宗痛苦糾結，流下老淚千行。隨行大臣磕頭大呼，求唐玄宗下定決心賜死楊貴妃。

亥正 (22:00) 捨不得

唐玄宗忍痛割愛，命人以白綾縊死楊貴妃平息兵變。

子初 (23:00) 赦免陳玄禮，安撫軍心

陳玄禮事後向唐玄宗請罪，唐玄宗心灰意冷，赦免了參與兵變的士兵，讓陳玄禮帶頭安撫士兵的情緒。

一隻羅襪寄相思

據傳，楊貴妃死後被草草葬在馬嵬驛附近。唐玄宗與楊貴妃的故事以悲劇結束，引得後來無數詩人感嘆。白居易的《長恨歌》中有「馬嵬坡下泥土中，不見玉顏空死處」。

羅襪是用絲製成的襪子，繡有複雜的花紋。《玄宗遺錄》記載，楊貴妃臨死前，負責行刑的太監高力士保留了一隻她的襪子。後來安史之亂平定，唐玄宗夢見楊貴妃對自己說了這件事，叫來高力士詢問，果有其事。唐玄宗見到羅襪不禁睹物思人，寫下《妃子所遺羅襪銘》，表達自己的思念之情。

漫漫長夜不得眠

戰爭的一天

戰爭是每個皇帝都不想遇到，但又經常會遇到的國家大事，因為戰爭不僅勞民傷財，還會造成大量人員傷亡。戰爭發生時，皇帝通常會派朝中大將領兵出征，有時也會親自領兵出征。1414 年，明朝永樂皇帝朱棣為了解決北方局勢不穩的問題，決定親自帶兵出征瓦剌，史稱「忽蘭忽失溫之戰」。永樂皇帝的大軍和瓦剌首領馬哈木率領的瓦剌騎兵在忽蘭忽失溫展開決戰。

戰敗後潰逃的瓦剌騎兵。

卯正 (6:00)
準備出發

永樂皇帝要求士兵備好隨身口糧，準備行軍。

古代即食食品

軍隊只要求食物能填飽肚子和方便攜帶，於是用米和麵粉加鹽炒乾製成的炒米、炒麵誕生了。這種食物用袋子裝好便能隨身攜帶，至於味道，基本不在考慮範圍內。

辰初 (7:00)
行軍

據前幾日俘獲的瓦剌騎兵透露，瓦剌大軍就在前方山谷。永樂皇帝確信敵人有埋伏，但依然率軍前往，因為他有把握能打贏。

有實力的神祕部隊

明軍主要是由五軍營和三千營組成的步兵騎兵混合軍，另外還有一支專門對付瓦剌騎兵的神祕部隊。

巳正 (10:00)
布陣

抵達戰場，組成戰鬥陣型準備迎敵。

皇帝的軍陣

步兵前排，分左、後、右布置騎兵，神祕部隊在中心。

巳正二刻 (10:30)
遇敵

不出所料，瓦剌軍隊出現了，因為騎兵對步兵有優勢，所以一望見明軍前排是步兵，瓦剌騎兵不假思索就衝了過來。

巳正三刻 (10:45)
變陣

見敵人上當，永樂皇帝立刻下令變陣，前排步兵迅速往左右兩側讓開，祕密部隊從後排頂上，蓄勢待發。

午初 (11:00)
神機營，開火！

瓦剌人早就領教過火器的厲害，但無奈被步兵陣型騙了，衝得太快沒法及時停住掉頭，瞬間被打得紛紛落馬、哭天喊地。

撒手鐧——神機營

神機營平日守衛皇城，並隨從皇帝出行，與三千營、五軍營並稱京軍三大營。它是專掌火器的特殊部隊，開啟了世界火器部隊的先河，比歐洲最早建制的西班牙火槍兵早一個世紀左右。

神機營武器

這個時期的火器主要包括火炮和火銃，殺傷力強，缺點是沒法連發，裝填子彈的速度慢。

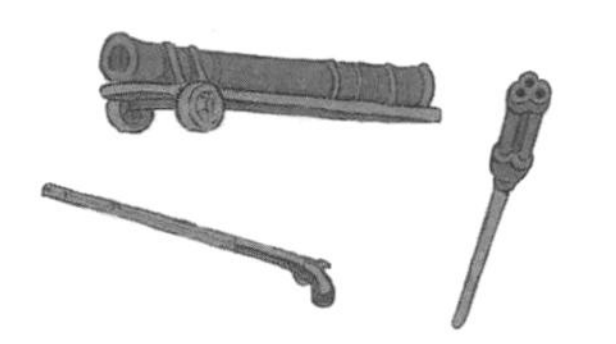

午初二刻 (11:30)
乘勝追擊

神機營完成攻擊後，永樂皇帝親率騎兵分三路衝向敵軍，陣腳大亂的瓦剌軍隊只能逃走。

申正三刻 (16:45)
停止追擊

明朝軍隊追擊瓦剌軍隊一直到土剌河，俘獲瓦剌士兵數十人，永樂皇帝擔心孤軍深入會有麻煩，下令停止追擊。這次出征，永樂皇帝還帶著皇太孫朱瞻基出來歷練，教給他帶兵打仗的策略。

胖兒子和好皇孫

朱高熾與朱瞻基是未來的明仁宗和明宣宗。永樂皇帝不喜長子朱高熾，主要原因之一是朱高熾身體肥胖到走路不便的地步，原本不想讓他當皇帝，但因格外喜歡朱瞻基，加上皇位一般是父子相承，所以為了皇孫能當皇帝，才傳位給朱高熾。永樂九年，永樂皇帝就封朱瞻基為皇太孫，即皇位的正統繼承人。這兩位皇帝都很勤政，後世將他們的統治時期稱作「仁宣之治」。

朱高熾

朱瞻基

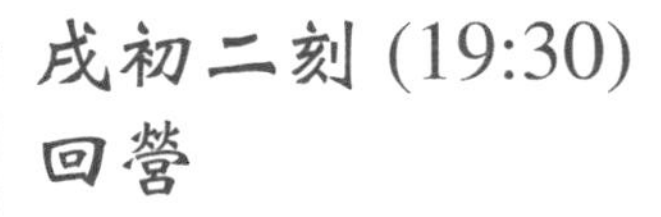

戌初二刻 (19:30) 回營

永樂皇帝凱旋，到達軍營後，他下令軍隊原地休整。

戌正 (20:00) 進行作戰總結

永樂皇帝召集三營統帥，安排後續事宜，告誡大家就算打了勝仗也要注意警戒。

亥正 (22:00) 腰酸背疼，好好休息

準備就寢，隨行太醫為永樂皇帝熱敷以緩解腿部腫痛。

修道的一天
許多皇帝都曾追求長生不老，因此，修道煉丹的道士往往受到這些皇帝的重用。明世宗嘉靖皇帝在他統治中期，崇奉道教，對修道成仙的癡迷超過了一切，找來大批道士為他煉丹製藥。不過，要說煉出來的丹藥有讓人長生不老的效果，估計道士們自己都不信。
郭勛準備拉著吹噓自己會點石成金的道士段朝用去見嘉靖皇帝。
前來諫言的大臣被侍衛攔在宮門外。
侍衛與大臣之間有口角和肢體衝突。

皇帝在皇宮內大興土木，修
建醮齋法壇，由道士監工。

辰初二刻 (7:30)
起床

嘉靖皇帝起床後第一件事就是詢問露水有沒有備好。他喜怒無常，宮女們不敢怠慢，否則必受責罰。

煉丹用露水

有一個道士跟嘉靖皇帝說，用清晨露水煉丹，效果奇佳，於是嘉靖皇帝便命宮女們早早起床採集露水！

沒覺睡，很生氣

宮女們採集露水十分辛苦，除了勞累，她們還要承受清晨的寒氣。長期下來，大批宮女不是累倒就是病倒，留下來繼續工作的宮女也都怨氣沖天。

巳初 (9:00)
學習道教經典

自古以來，那些講述如何成仙的經書都十分難懂，十個修道的人中有一個能讀到半懂就不錯了。所以即便作為明代「最聰明」的皇帝，嘉靖皇帝也要每天很認真地學習和複習。

巳正 (10:00)
打坐練功

學到的知識是要用的，用得好不好是靠練的。盤腿坐好，練習修仙大法是嘉靖皇帝的每日功課之一。

巳正二刻 (10:30)
皇帝也缺錢

嘉靖皇帝對所有能幫他得道修仙的人和事都感興趣。最近他修建醮齋法壇缺錢，正好寵臣郭勛推薦了一個自稱會點石成金的道士段朝用，嘉靖皇帝見了之後大喜。當然，段朝用只是個江湖騙子，點石成金也是騙人的把戲。

午初 (11:00)
大臣進諫

嘉靖皇帝在宮廷內設醮齋法壇，詔令天下崇道建觀，獎勵道士以及煉丹耗費了大量的錢財，加重了百姓的負擔。郭勛不僅不勸阻嘉靖皇帝，還推著他在錯誤的道路上越走越遠。這些都讓恪盡職守的大臣們看不下去。大臣們紛紛進諫，不過嘉靖皇帝似乎不能領會他們的良苦用心。

> 文死諫，武死戰
>
> 文官為了堅守正義而不惜以命進諫，武將為了戰爭勝利而不惜以命奮戰。明代的文官的確在這個方面很努力。

午初二刻 (11:30)
處罰大臣

嘉靖皇帝並非完全沉迷於修道，不管國事，平日他也處理政務，認真工作。只是在他看來，修道是排在國事之前的，國家湊合著治理就好，只要不影響他成仙就行。可惜很多大臣都不懂他的心思，惹惱了嘉靖皇帝，結果可想而知，不是被廷杖，就是被殺頭。

午正二刻 (12:30)
飯沒點肉味真不行

按照修道的要求，飯菜必須是素的。可讓嘉靖皇帝天天吃素他很難受，所以他偶爾會給傳膳的太監一點暗示，一些素菜底下也就多了點肉湯、豬油。這樣雖說還是沒吃肉，但多少有了肉味。

未正二刻 (14:30)
聽取工作匯報

戶部尚書請求覲見，他十分委婉地提出由於財政緊缺，希望嘉靖皇帝節儉的建議。

> 素菜葷做
>
> 道家飯菜的一種做法。以素菜為材料，將麵筋、豆干、蔬菜之類做成魚肉、兔肉、牛肉等肉類的樣子並取一肉菜之名。比如，用蓮藕和香菇做成素豬排。不知這樣是否能給吃的人以心理安慰。

戶部尚書

明代中央政府有吏、戶、禮、兵、刑、工六大部門，各個部門的最高長官叫尚書，直接對皇帝負責。其中管錢的是戶部。嘉靖皇帝統治時期的戶部尚書或許常常為錢發愁。

戶部尚書

申初二刻 (15:30)
求問神仙

青詞，即寫在青藤紙上獻給神仙的奏章祝文，詞句工整華麗，不熟悉道家經典的人很難讀懂。因為青藤紙為青色，故稱青詞。

亥正 (22:00)
夢裡差點成了仙

宮女楊金英帶著十幾個宮女準備趁嘉靖皇帝熟睡時勒死他。因為宮女們沒有經驗，將繩子打成死結，嘉靖皇帝僥倖逃過一劫。這也許是嘉靖皇帝一生中距離「成仙」最近的一次。

上朝的一天

中國古代皇帝擁有至高無上的權力和地位，可能是人人羨慕的職位。但皇帝的工作並非我們想像的那樣輕鬆。皇帝上朝的一天其實是非常忙碌的，整個國家有一大堆事情等候著他去處理。我們來看看清代雍正皇帝上朝的一天吧。

糟啦！中埋伏啦！
有刺客！
救命呀！
哎呀！

卯初 (5:00)
起床

雍正皇帝起床後有太監和宮女伺候梳洗、穿衣。穿戴整齊後，雍正皇帝準備去吃早餐。

起床便開始忙碌的皇帝

古代的牙刷

唐朝時期，人們把楊柳枝泡在水裡，待到要用時，就咬開楊柳枝，裡面的纖維就像細小的木梳齒，可以清潔牙齒。「晨嚼齒木」就來源於此。

中國最早的植毛牙刷實物是出土於成都唐代灰坑的四把骨質牙刷。這種牙刷是用動物鬃毛鑲嵌在骨頭上製成的，造價昂貴，只有王公貴族用得起，老百姓還是用楊柳枝刷牙並簡單漱口。

卯初二刻 (5:30)
早餐

清代皇帝吃飯稱「傳膳」、「進膳」，或「用膳」。清代皇室沿襲滿族的飲食習慣，一天吃早晚兩次正餐，就是早膳和晚膳。吃完飯後，雍正皇帝乘著轎子去前面的宮殿早讀。

膳牌

皇帝在用膳時，太監會把請求覲見的王公大臣們的牌子遞上來，叫作「膳牌」，由皇帝決定飯後召見誰。膳牌用極薄的木片製成，上面書寫「某官某人」。

皇帝的眼鏡

雍正皇帝視力不好，自從戴上了眼鏡，他的辦公效率明顯提高，因此對眼鏡愛不釋手。雍正皇帝吩咐工匠製作了各種樣式的眼鏡，到處擺放以備他隨時取用，連他乘坐的轎子裡都放了一副。此外，他還經常將眼鏡賜給寵臣。

卯正 (6:00)
早讀

清代皇帝用一天中精力最充沛的時間學習先祖的聖訓，無論嚴冬酷暑，從不間斷。清代皇帝開始學習聖訓的習慣是從雍正皇帝開始的，他曾下令編撰《庭訓格言》。

上朝時間就是皇帝正式上班的時刻

辰初 (7:00)
上朝

七點到九點，是雍正皇帝上朝理政、處理公務的時間。皇帝處理政務一般分為日常政務和特殊政務兩種。重要的典禮，如登基大典、大朝會、皇帝生日、皇帝大婚等都屬於特殊政務，其他的就屬於日常政務。

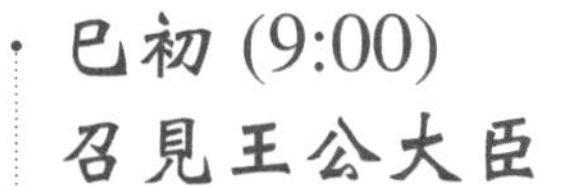

巳初 (9:00) 召見王公大臣

雍正皇帝在召見大臣時，會詢問朝中各方面的情況和存在的問題，然後下發諭旨。清代雖然設有許多輔佐皇帝處理政務的機構，例如議政處、內閣、軍機處等，但在雍正年間這些機構都沒有決定權，朝中政事由皇帝一人說了算。

未初二刻 (13:30) 晚餐

根據《國朝宮史》記載，皇帝一般在下午一兩點吃晚飯，然後批閱各部官員和地方大員的奏摺。下午三點以後，皇帝如需飯食，則按旨意供進。

未正二刻 (14:30) 娛樂

在下午兩點半到五點這段時間裡，雍正皇帝除了辦公以外，也會開始自己的娛樂活動，會看書、檢查皇子們的功課、吟詩作畫，或者是由妃嬪陪同看戲、聽音樂等。

奏摺盒

大臣呈上的奏摺由專門的木盒收納，稱為奏摺盒。

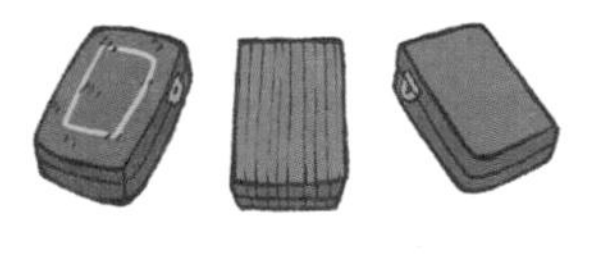

皇帝偶爾也想玩

參與造辦處的設計

宮廷造辦處會設計製作很多有趣的東西給雍正皇帝使用，他有時候會親自參與設計。

「造化」和「百福」是雍正皇帝最喜歡的狗。

逗狗

雍正皇帝日理萬機，他舒緩疲倦的方法除了喝酒還有逗狗。

玩變裝遊戲

雍正皇帝特別喜歡玩變裝遊戲，他時而化身書生，時而扮作漁夫，有時甚至還戴上假髮，裝扮成西方君主的模樣。這些都由皇帝御用畫師用畫筆記錄下來。

小例外

皇帝中也有任性不想上班的。明代嘉靖皇帝和萬曆皇帝曾幾十年都不上朝，不過朝中大事他們還是會處理的。

批完這一本就睡覺。

亥正 (22:00) 上床睡覺

晚上七點到九點，清代皇帝要禮佛唸經等，然後才上床睡覺。雍正皇帝一般會繼續批閱奏摺到晚上十點左右再睡覺。

古代計時方式

【古代十二時辰與現代 24 小時制對照圖】

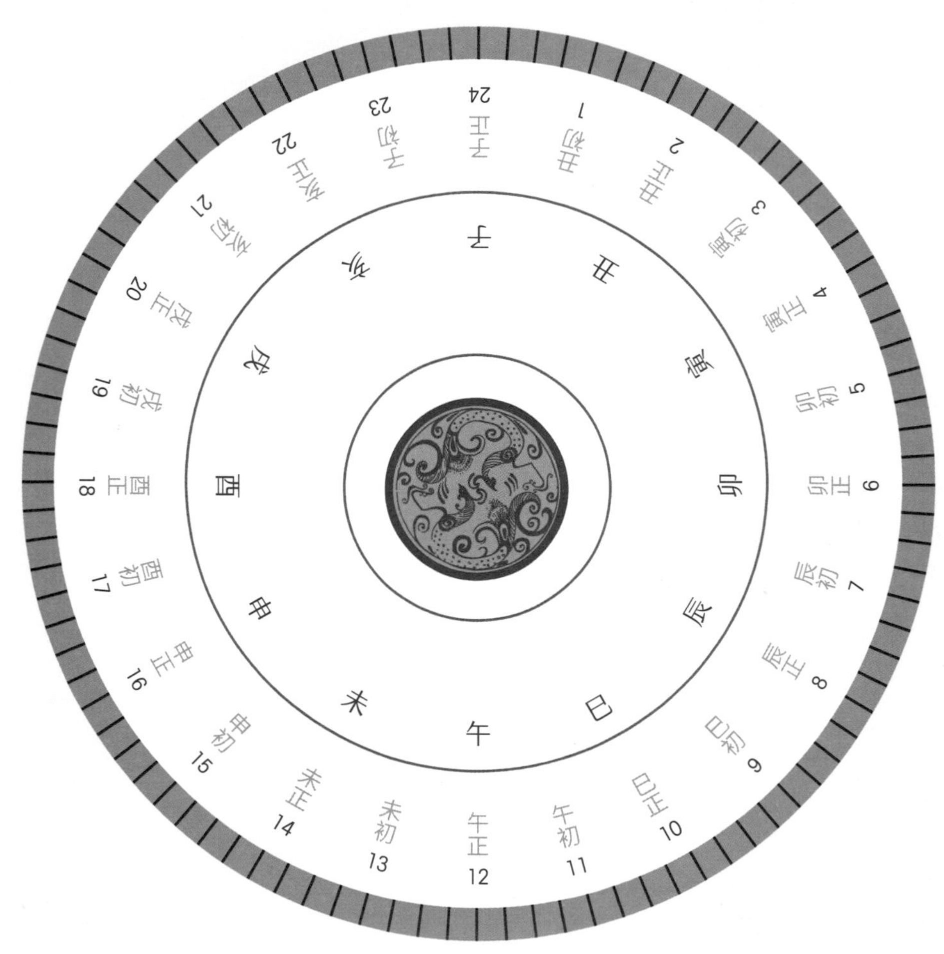

一刻等於十五分鐘

約西周之前，把一天分為一百刻，後來又改百刻為九十六刻、一百零八刻、一百二十刻。所以不同時代每個時辰對應的刻度可能會有差別。《隋書·天文志》中記載，隋朝冬至前後，子時為二刻，寅時、戌時為六刻，卯時和酉時為十三刻。到了清代，官方正式將一天定為九十六刻，一個時辰（兩個小時）分八刻，一小時為四刻，而一刻就是十五分鐘，一直沿用至今。

時辰的劃分

時辰是中國古代的計時方法。古人把一天分為十二個時辰，並用十二地支來表示時辰。如：子時 (23:00–1:00)、丑時 (1:00–3:00)，以此類推。到唐代以後，人們把一個時辰分為初、正兩部分，細化了時間劃分，方便了人們的生活。

晨鐘暮鼓

古代城市實行宵禁，定時開關城門，在有的朝代，早晨開城門時會敲鐘，晚上關城門的時候會擊鼓。鼓響了之後，在城內、城外的人都要及時回家，不然城門一關就回不了家了。

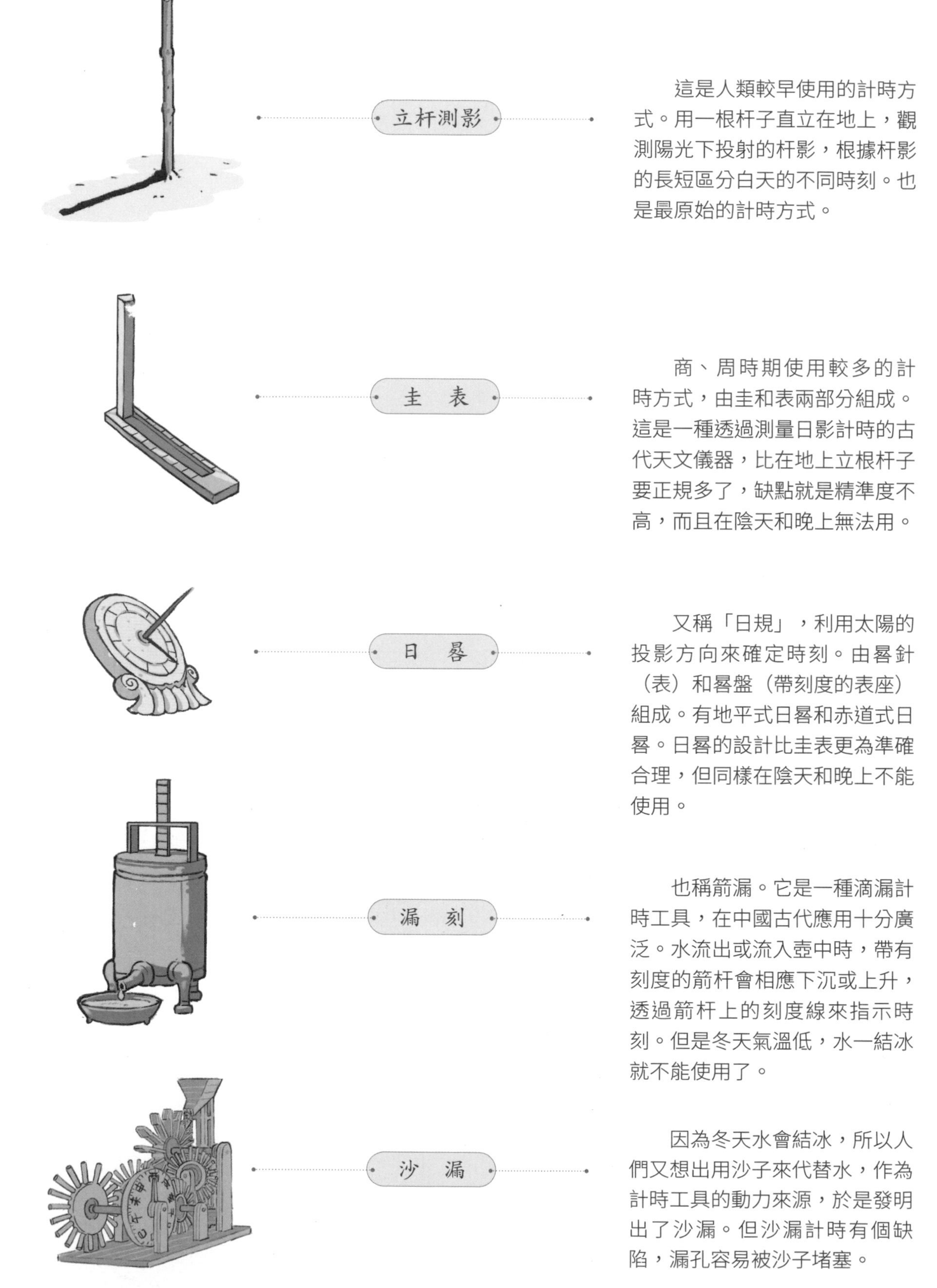

立杆測影

這是人類較早使用的計時方式。用一根杆子直立在地上，觀測陽光下投射的杆影，根據杆影的長短區分白天的不同時刻。也是最原始的計時方式。

圭表

商、周時期使用較多的計時方式，由圭和表兩部分組成。這是一種透過測量日影計時的古代天文儀器，比在地上立根杆子要正規多了，缺點就是精準度不高，而且在陰天和晚上無法用。

日晷

又稱「日規」，利用太陽的投影方向來確定時刻。由晷針（表）和晷盤（帶刻度的表座）組成。有地平式日晷和赤道式日晷。日晷的設計比圭表更為準確合理，但同樣在陰天和晚上不能使用。

漏刻

也稱箭漏。它是一種滴漏計時工具，在中國古代應用十分廣泛。水流出或流入壺中時，帶有刻度的箭杆會相應下沉或上升，透過箭杆上的刻度線來指示時刻。但是冬天氣溫低，水一結冰就不能使用了。

沙漏

因為冬天水會結冰，所以人們又想出用沙子來代替水，作為計時工具的動力來源，於是發明出了沙漏。但沙漏計時有個缺陷，漏孔容易被沙子堵塞。

中國歷史上的皇帝之最

最早的皇帝

秦・始皇帝

嬴政是「皇帝」這個詞的發明者。因為他認為自己比三皇五帝更厲害，所以把「皇」和「帝」結合起來，創造了「皇帝」一詞。

最孝順的皇帝

西漢・漢文帝

漢文帝劉恆為侍奉母親薄太后，三年可謂衣不解帶，是最孝順的皇帝，為古代孝子的典範。

第一個使用年號的皇帝

西漢・漢武帝

他使用的第一個年號是建元（西元前 140 – 前 135 年）。

最有「遠見」的皇帝

隋・隋煬帝

他下令開鑿了大運河。雖然當時勞役繁重，人民叫苦不迭，但在之後的一千多年裡大運河成為溝通南北方的重要水道，促進了沿岸城市和經濟的發展。

最通音樂的皇帝

唐・唐玄宗

唐玄宗李隆基被稱為梨園鼻祖，開創了大唐甚至中國音樂的新氣象。

最早的女皇帝

武周・武則天

她建立了大周朝，史稱武周。

最會畫畫的皇帝

北宋・宋徽宗

宋徽宗趙佶的繪畫和書法都是大師級別的，他就是不會當皇帝。最終北宋被金滅亡，他自己和兒子宋欽宗趙桓都被俘虜到了北方。

最有世界眼光的大汗

蒙古汗國・成吉思汗

他的子孫後代創造了疆域最遼闊的中國。

感情最專一的皇帝

明・明孝宗

明孝宗朱祐樘一生只有一個老婆，即張皇后，對感情最專一。

在位最久的皇帝

清・清聖祖

清聖祖康熙皇帝愛新覺羅・玄燁，一共在位 61 年。

最長壽的皇帝

清・清高宗

清高宗乾隆皇帝愛新覺羅・弘曆，活了 89 歲。

最後的皇帝

清・宣統皇帝

宣統皇帝溥儀是中國最後一位皇帝，他於 1912 年退位。

皇帝是怎樣煉成的

【模式一：白手起家】

1.

也許你只是一個和尚、農夫、書生或者士兵，但出身並不是最重要的，關鍵要有理想，胸懷大志。

如果正好碰上天下大亂，你可揭竿而起。你就具備了當上皇帝的第一個條件——天時。

3.

這時或許會有人出錢支持你，讓你能更加迅速地提升實力，建立根據地。此時，你就具備了當上皇帝的第二個條件——地利。

4.

由於你深得民心，四方豪傑都來投靠你，這樣你就具備了成為皇帝的第三個條件——人和。

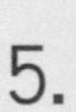

有人又有錢的你開始一次次打敗你的對手。

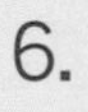

接著，占領更多、更大的地盤。

最終你如願以償地成了白手起家的開國皇帝。

〖模式二：投胎在帝王家〗

1.

當上皇帝最直接的方式莫過於出生在帝王家。不過投胎是門技術活，難度也不亞於白手起家。

2.

就算出生在帝王家，你也要努力學習，文韜武略，智勇雙全，因為可能需要表現得好才有當上太子的資格。

3.

有時還要打敗一個個競爭對手，他們通常是你的兄弟。

4.

當你終於被封為太子，距離皇帝的寶座只有一步之遙。

5.

當上太子，你還要努力工作，獲得大臣們的讚賞。

6.

更重要的是向皇帝父親好好學習治國理政的方法。

7.

有一天，老皇帝去世了。

8.

你繼承皇位，成為皇帝。

皇帝狂想曲

你這個敗家子！談個戀愛差點亡國！
祖爺爺，我對開元盛世還是有功勞的！
唐太宗
唐玄宗

老祖宗息怒！
嘉靖皇帝

你這傢伙！不好好幹活，把錢都花在修道煉丹上，搞得大明國庫空虛！看我不修理你！
明成祖
唐太宗

作為一位最有藝術造詣的皇帝，我的故事你為什麼不講講呢？
宋徽宗

我想想……
作者

皇帝的一天

參考書目

（漢）司馬遷，《史記》。
（漢）班固，《漢書》。
（漢）戴聖，《禮記》。
（南朝·宋）范曄，《後漢書》。
（唐）徐令信，《玉璽譜》。
（後晉）劉昫等，《舊唐書》。
（宋）司馬光編撰，（元）胡三省音注，《資治通鑑》。
（宋）歐陽修、宋祁等《新唐書》。
（宋）李昉等，《太平廣記》。
（清）張廷玉等，《明史》。
趙爾巽等，《清史稿》。
洪石，《戰國秦漢漆器研究》，文物出版社。
苑洪琪，《清代皇帝的日常生活》，《紫禁城》雜誌。
丁善浦，《雍正帝的喜好》，《紫禁城》雜誌。
楊乃濟，《雍正皇帝喜好之物》，《紫禁城》雜誌。
王其鈞，《古建築日讀》，中華書局。
沈從文，《中國古代服飾研究》，商務印書館。
劉永華，《中國古代軍戎服飾》，清華大學出版社。
劉永華，《中國歷代服飾集萃》，清華大學出版社。
劉永華，《中國古代車輿馬具》，清華大學出版社。
森林鹿，《唐朝穿越指南》，北京聯合出版公司。
森林鹿，《唐朝定居指南》，北京聯合出版公司。
鍾敬文，《中國民俗史·隋唐卷》，人民出版社。
李芽，《中國歷代女子妝容》，江蘇鳳凰文藝出版社。
李乾朗，《穿牆透壁：剖視中國經典古建築》，廣西師範大學出版社。
侯幼彬、李婉貞，《中國古代建築歷史圖說》，中國建築工業出版社。